PONS

Grammatik auf einen

Italienisch

nur € 5,-

Artikel

Unbestimmter Artikel

maskulin		
vor Konsonant	**un** ragazzo	
vor s + Konsonant,	**uno** sbaglio	**uno** gnocco
gn, pn, ps, x, z	**uno** psicologo	**uno** zio
und i + Vokal	**uno** iogurt	
vor Vokal	**un** amico	

feminin	
vor Konsonant	**una** ragazza
vor Vokal	**un'**amica

Die Formen des unbestimmten Artikels (articolo indeterminativo) *un, uno, una* und *un'* sind mit den deutschen „ein, eine" vergleichbar.
Die Formen hängen jeweils vom Geschlecht und vom Anfangsbuchstaben des Wortes ab, das sie begleiten.

Bestimmter Artikel

maskulin	Singular	Plural
vor Konsonant	**il** ragazzo	**i** ragazzi
vor s + Konsonant,	**lo** sbaglio	**gli** sbagli
gn, pn, ps, x, z und	**lo** gnocco	**gli** gnocchi
i + Vokal	**lo** psicologo	**gli** psicologi
	lo iogurt	**gli** iogurt
	lo zio	**gli** zii
vor Vokal	**l'**amico	**gli** amici

feminin	Singular	Plural
vor Konsonant	**la** ragazza	**le** ragazze
vor Vokal	**l'**amica	**le** amiche

Die Form des Artikels richtet sich nach dem Anlaut des folgenden Substantivs oder Adjektivs:
la ragazza **l'**altra ragazza
il liquore **l'**ottimo liquore **lo** stesso liquore

Im Unterschied zum Deutschen steht der bestimmte Artikel zum Beispiel in folgenden Fällen:

- vor Possessivpronomen:
  il mio insegnante *mein Lehrer*
  Siehe auch unter Possessivadjektive.
- vor einem Titel + Namen:
  Conosci **il signor Rossi?** *Kennst du Herrn Rossi?*
  Aber bei Namen in der Anrede:
  Buongiorno, signor Rossi! *Guten Tag, Herr Rossi!*
- vor Kontinenten, Ländern, Regionen und großen Inseln:
  Ti piace **la Sardegna**? *Gefällt dir Sardinien?*
  Aber in Verbindung mit *in*:
  Vai in America? *Fährst du nach Amerika?*
- bei Farben:
  Il mio colore preferito *Meine Lieblingsfarbe*
  è **il rosso**. *ist Rot.*
- bei Körperteilen und äußeren Merkmalen:
  Luca ha **i capelli neri**. *Luca hat schwarze Haare.*
- vor Bezeichnungen von Krankheiten:
  Ho **il raffreddore**. *Ich habe Schnupfen.*
- vor Musikinstrumenten:
  Anna suona **il violino**. *Anna spielt Geige.*
- bei der Angabe der Uhrzeit:
  Sono **le tre**. *Es ist drei Uhr.*
- bei verallgemeinerndem Gebrauch sowie bei Stoffnamen und Abstrakta:
  I delfini sono animali intelligenti. *Delfine sind intelligente Tiere.*
  La pazienza è una virtù rara. *Geduld ist eine seltene Tugend.*

Als **Teilungsartikel** werden die Verschmelzungsformen der Präposition *di* mit dem bestimmten Artikel gebraucht:

maskulin	Singular	Plural
vor Konsonant	**del** sale	**dei** rumori
vor s + Konsonant,		**degli** scioperi
gn, pn, ps, x, z und	**dello** zucchero	
i + Vokal	**dello** iogurt	
vor Vokal	**dell'**aceto	**degli** ospiti

feminin	Singular	Plural
vor Konsonant	**della** frutta	**delle** ragazze
vor Vokal	**dell'**acqua	**delle** amiche

Im Singular treten die Formen *del, dello, della* und *dell'* nur in Verbindung mit nicht zählbaren Substantiven auf und bezeichnen einen Teil oder eine unbestimmte Menge oder Anzahl aus einem Ganzen. Im Deutschen wird dies häufig mit „etwas" ausgedrückt.

Im Plural steht der Teilungsartikel in Verbindung mit zählbaren Substantiven und hat die Bedeutung „einige". Häufig steht im Deutschen aber auch nur das Substantiv im Plural:
Dammi **del pane**. *Gib mir etwas Brot.*
Abbiamo **degli ospiti**. *Wir haben Gäste.*

Substantiv

Das **Genus** (Geschlecht) der italienischen Substantive ist entweder maskulin (männlich) oder feminin (weiblich). Ein Neutrum gibt es nicht!

meist maskulin	
Substantive auf -o:	il libr**o**, il fogli**o**, l'amic**o**, lo zain**o**
Substantive auf Konsonant:	il ba**r**, il ga**s**, lo spor**t**

meist feminin	
Substantive auf -a:	la cas**a**, la fogli**a**, l'amic**a**
Substantive auf -i:	la cris**i**, la tes**i**, l'analis**i**
Substantive auf -tà:	la felici**tà**
Substantive auf -tù:	la vir**tù**

entweder maskulin oder feminin	
Substantive auf -e:	il padr**e**, lo student**e**, la fam**e**

Bei Personenbezeichnungen unterscheiden sich männliche und weibliche Formen manchmal in der Endung. Die häufigsten Endungspaare sind:

il bambin**o**	la bambin**a**
il signor**e**	la signor**a**
l'at**tore**	l'at**trice**
lo student**e**	la student**essa**

Andere Personenbezeichnungen haben für beide Geschlechter nur eine Form:
il/la cant**ante** il/la cli**ente** il/la franc**ese**
il/la giornal**ista** il/la coll**ega**

Im Italienischen wird sehr häufig für Frauen, die in ehemals traditionell männlichen Berufen oder Ämtern tätig sind, die männliche Form benutzt. Man sagt daher auch zu einer Frau *avvocato, medico, ministro, presidente.*

Bei der **Pluralbildung** der Substantive gilt folgende Grundregel:

- Maskuline Substantive auf *-o* und alle Substantive auf *-e* bilden den Plural auf *-i*.
- Weibliche Substantive auf *-a* bilden den Plural auf *-e*.

	Singular	Plural
maskulin	il tren**o**	i tren**i**
maskulin	il ristorant**e**	i ristorant**i**
feminin	la stazion**e**	le stazion**i**
feminin	la strad**a**	le strad**e**

Es gibt jedoch folgende **Besonderheiten**:

- Männliche Substantive auf *-a* bilden den Plural auf *-i*:
  il pigiam**a** i pigiam**i** il poet**a** i poet**i**
- Männliche Substantive auf *-co/-go* mit Betonung auf der vorletzten Silbe bilden den Plural in der Regel auf *-chi/-ghi*:
  il cuo**co** i cuo**chi** il fun**go** i fun**ghi**
  Aber:
  l'ami**co** gli ami**ci** il nemi**co** i nemi**ci**
- Männliche Substantive auf *-co/-go* mit Betonung auf der drittletzten Silbe bilden den Plural in der Regel auf *-ci/-gi*:
  il medi**co** i medi**ci** il teolo**go** i teolo**gi**
  Aber u. a.:
  il cari**co** i cari**chi** il dialo**go** i dialo**ghi**
- Männliche Substantive auf *-io* mit betontem *-i-* haben im Plural die Endung *-ii*:
  lo z**io** gli z**ii**
  Ist das *-i-* unbetont, enden sie jedoch auf *-i*:
  l'armad**io** gli armad**i** il viagg**io** i viagg**i**
- Es gibt ein paar männliche Substantive mit der Endung *-o*, die im Plural weiblich werden und dann auf *-a* enden, wie z. B.:
  il labbr**o** le labbr**a** il dit**o** le dit**a**
  il bracci**o** le bracci**a** il ginocchi**o** le ginocchi**a**
  il pai**o** le pai**a** l'uov**o** le uov**a**
- Weibliche Substantive auf *-ca/-ga* bilden den Plural immer auf *-che/-ghe*:
  la bar**ca** le bar**che** la ri**ga** le ri**ghe**
- Weibliche Substantive auf *-cia/-gia* mit unbetontem *-i-* bilden den Plural auf *-ce/-ge*, wenn vor dem *-c-* bzw. *-g-* ein Konsonant steht, und auf *-cie/-gie*, wenn vor dem *-c-* bzw. *-g-* ein Vokal steht:
  la provin**cia** le provin**ce** la reg**gia** le reg**ge**
  la cami**cia** le cami**cie** la vali**gia** le vali**gie**
- Einige italienische Substantive bleiben im Plural unverändert, wie z. B.:
  il cinema i cinema la moto le moto
  la serie le serie l'analisi le analisi
  il re i re la città le città
  lo sport gli sport il bar i bar

Manche Substantive kommen nur im Plural vor:
gli occhiali *die Brille* i soldi *das Geld*
i pantaloni *die Hose* le forbici *die Schere*
gli spiccioli *das Kleingeld* gli spinaci *der Spinat*
i baffi *der Schnurrbart*

Wie man **Nominativ, Akkusativ** (direktes Objekt), **Dativ** (indirektes Objekt) und **Genitiv** im Italienischen ausdrückt, zeigt folgende kleine Übersicht:

Wer? Was?	**Quel ragazzo** ha 12 anni. *Der Junge ist 12 Jahre alt.*
Wen? Was?	Conosci **quel ragazzo**? *Kennst du den Jungen?*
Wem?	Regalo un libro **a mio padre**. *Ich schenke meinem Vater ein Buch.*
Wessen?	La casa **di Marco** mi piace. *Marcos Haus gefällt mir.* Il libro **dell'autrice** è interessante. *Das Buch der Autorin ist interessant.*

Gebrauch: hauptsächlich in Nebensätzen nach einleitendem *che*, wenn im Hauptsatz Verben/Wendungen stehen, die z. B. eine persönliche Meinung, ein Gefühl, einen Wunsch, eine Hoffnung oder Zweifel ausdrücken; in Nebensätzen nach bestimmten unpersönlichen Ausdrücken und nach manchen Konjunktionen:

Temo che **sia** troppo tardi.
Ich befürchte, dass es zu spät ist.
Credo che **abbia detto** la verità.
Ich glaube, dass er/sie die Wahrheit gesagt hat.
Speravo che lo **incontrassi**.
Ich hoffte ihn zu treffen.
Pensavo che **avesse** già **mangiato**.
Ich dachte, er/sie hätte schon gegessen.
Benché **fosse** stanco, si vestì e uscì.
Obwohl er müde war, zog er sich an und ging aus.

Condizionale

presente

am**erei**	vend**erei**	part**irei**
am**eresti**	vend**eresti**	part**iresti**
am**erebbe**	vend**erebbe**	part**irebbe**
am**eremmo**	vend**eremmo**	part**iremmo**
am**ereste**	vend**ereste**	part**ireste**
am**erebbero**	vend**erebbero**	part**irebbero**

Bildung: Verbstamm + Endungen des Condizionale presente

passato

avrei		sarei	
avresti	amato/venduto	saresti	partito, -a
...		...	

Bildung: Condizionale presente von *avere*/*essere* + Participio passato

Gebrauch des Condizionale: zum Ausdruck eines Wunsches oder einer Bitte; im Hauptsatz eines Bedingungssatzes:
Vorrei studiare a Perugia.
Ich würde gerne in Perugia studieren.
Siehe auch unter Bedingungssatz.

	fumare	prendere	aprire
Imperativo			
(tu)	fum**a**	prend**i**	apr**i**
(Lei)	fum**i**	prend**a**	apr**a**
(voi)	fum**ate**	prend**ete**	apr**ite**
(Loro)	fum**ino**	prend**ano**	apr**ano**

Bildung:
(tu) Verben auf *-are:* wie 3. Person Singular Presente; Verben auf *-ere/ire:* wie 2. Person Singular Presente
(voi) wie 2. Person Plural Presente
(Lei/Loro) wie 3. Person Singular bzw. Plural Congiuntivo presente

Bildung der verneinten Imperativformen:
(tu) *non* + Infinitiv
(Lei/voi/Loro) *non* + Imperativform

Stellung der Pronomen beim Imperativ:
(tu/voi) Pronomen werden an den Imperativ angehängt: Sbrigat**i**! Sbrigate**vi**!
(Lei/Loro) Pronomen stehen vor dem Verb: **Si** sieda! **Si** siedano!

Stellung der Pronomen beim verneinten Imperativ:
(tu/voi) vor dem Verb oder angehängt: Non **la** guardare! Non guardar**la**! Non **la** guardate! Non guardate**la**!
(Lei/Loro) vor dem Verb: Non **lo** beva!

Infinito	Participio		Gerundio
	presente	passato	presente
am**are**	am**ante**	am**ato**	am**ando**
vend**ere**	vend**ente**	vend**uto**	vend**endo**
part**ire**	part**ente**	part**ito**	part**endo**

Bildung des Participio presente: Verbstamm + Endungen des Participio presente

Gebrauch des Participio presente: fast nur noch in der Rechts- und Amtssprache.

Bildung des Participio passato: Verbstamm + Endungen des Participio passato

Gebrauch des Participio passato:
- Zur Bildung der zusammengesetzten Zeiten.

Werden diese mit dem Hilfsverb *essere* gebildet, so wird die Endung des Participio passato der Zahl (Singular/Plural) und dem Geschlecht (maskulin/feminin) des Subjekts angeglichen:
Franco è tornat**o**./Maria è tornat**a**.
Franco e Maria sono tornat**i**.
Anna e Maria sono tornat**e**.
Werden die zusammengesetzten Zeiten mit *avere* gebildet, bleibt das Participio passato unverändert:
Ho mangiat**o** la pizza/il dolce/gli spaghetti/le cozze.
Aber das Partizip bei *avere* verändert sich, wenn ein direktes Objekt in Form eines Pronomens der 3. Person vorausgeht:
Abbiamo pulito le camere. – Le **abbiamo pulite**.
- Zur Bildung des Passivs. Siehe unter Passiv.

Bildung des Gerundio presente: Verbstamm + Endungen des Gerundio presente

Gerundio passato

avendo amato/venduto essendo partito, -a

Bildung des Gerundio passato: Gerundio presente von *avere*/*essere* + Participio passato

Gebrauch des Gerundio: verkürzt Nebensätze, wenn die Handlung gleichzeitig zum Hauptsatz verläuft; in der Konstruktion *stare* + Gerundio presente um auszudrücken, dass ein Vorgang gerade stattfindet:
Tornando a casa, ho incontrato mia zia.
Auf dem Heimweg habe ich meine Tante getroffen.
Sto leggendo. *Ich lese gerade.*

Besonderheiten

Um die Formen der regelmäßigen Verben bilden zu können, muss man wissen, dass
- bei Verben auf *-care* und *-gare* vor dem *e* und *i* einer Endung *-c-* zu *-ch-* und *-g-* zu *-gh-* wird:
  re**care** reco, re**chi**, reca, re**chiamo** ...
  pa**gare** pago, pa**ghi**, paga, pa**ghiamo** ...
- bei Verben auf *-iare* das unbetonte *i* vor dem *i* der Endung entfällt/das betonte *i* erhalten bleibt:
  stud**iare** studio, studi, studia, stud**iamo** ...
  sc**iare** scio, sc**ii** ...
- Verben auf *-ciare* und *-giare* das *i* ihres Stamms vor Endungen verlieren, die mit *i* oder *e* anfangen:
  comin**ciare** comincio, comin**ci**, ..., comin**cerò** ...
- Verben auf *-cere*, die das Participio passato regelmäßig auf *-uto* bilden, ein *i* vor die Endung schieben:
  cono**scere** cono**sciuto**
- einige Verben auf *-ire* in der 1., 2. und 3. Person Singular und 3. Person Plural im Indikativ Präsens, Konjunktiv Präsens und Imperativ die Buchstaben *-isc-* vor die Endung schieben (sog. Verben mit Stammerweiterung):

capire verstehen	
indicativo presente	cap**isco**, cap**isci**, cap**isce**, capiamo, capite, cap**iscono**
congiuntivo presente	cap**isca**, cap**isca**, cap**isca**, capiamo, capiate, cap**iscano**
imperativo	cap**isci**, cap**isca**, capite, cap**iscano**

Unregelmäßige Verben

Unregelmäßige Verben bilden in einigen Zeiten alle oder bestimmte Formen anders als die regelmäßigen Verben. Im Folgenden eine Auswahl unregelmäßiger Verben; nicht angegebene Zeiten werden regelmäßig konjugiert.

dire sagen	
presente	dico, dici, dice, diciamo, dite, dicono
imperfetto	dicevo, dicevi, ...
passato remoto	dissi, dicesti, disse, dicemmo, diceste, dissero
congiuntivo presente	dica, dica, dica, diciamo, diciate, dicano
congiuntivo imperfetto	dicessi, dicessi, dicesse, dicessimo, diceste, dicessero
participio passato	detto

fare machen, tun	
presente	faccio, fai, fa, facciamo, fate, fanno
imperfetto	facevo, facevi, ...
passato remoto	feci, facesti, fece, facemmo, faceste, fecero
futuro semplice	farò, farai, ...
congiuntivo presente	faccia, faccia, faccia, facciamo, facciate, facciano
congiuntivo imperfetto	facessi, facessi, facesse, facessimo, faceste, facessero
condizionale presente	farei, faresti, ...
participio passato	fatto

prendere nehmen	
passato remoto	presi, prendesti, prese, prendemmo, prendeste, presero
participio passato	preso

stare bleiben	
presente	sto, stai, sta, stiamo, state, stanno
passato remoto	stetti, stesti, stette, stemmo, steste, stettero
futuro semplice	starò, starai, ...
congiuntivo presente	stia, stia, stia, stiamo, stiate, stiano
congiuntivo imperfetto	stessi, stessi, stesse, stessimo, steste, stessero
condizionale presente	starei, staresti, ...
participio passato	stato

venire kommen	
presente	vengo, vieni, viene, veniamo, venite, vengono
passato remoto	venni, venisti, venne, venimmo, veniste, vennero
futuro semplice	verrò, verrai, ...
congiuntivo presente	venga, venga, venga, veniamo, veniate, vengano
condizionale presente	verrei, verresti, ...
participio passato	venuto

Modalverben

Die **Modalverben** (verbi servili) *dovere, potere* und *volere* zählen zu den unregelmäßigen Verben. Sie treten in der Regel in Verbindung mit einem anderen Verb im Infinitiv auf:
Devo studiare. *Ich muss lernen.*
Non **posso** aiutarti. *Ich kann dir nicht helfen.*

dovere müssen	
presente	devo/debbo, devi, deve, dobbiamo, dovete, devono
futuro semplice	dovrò, dovrai, ...
congiuntivo presente	debba, debba, debba, dobbiamo, dobbiate, debbano
condizionale presente	dovrei, dovresti, ...

potere können	
presente	posso, puoi, può, possiamo, potete, possono
futuro semplice	potrò, potrai, ...
congiuntivo presente	possa, possa, possa, possiamo, possiate, possano
condizionale presente	potrei, potresti, ...

volere wollen	
presente	voglio, vuoi, vuole, vogliamo, volete, vogliono
passato remoto	volli, volesti, volle, volemmo, voleste, vollero
futuro semplice	vorrò, vorrai, ...
congiuntivo presente	voglia, voglia, voglia, vogliamo, vogliate, vogliano
condizionale presente	vorrei, vorresti, ...

Die **reflexiven Verben** (verbi riflessivi) werden immer von dem dazugehörigen Reflexivpronomen (*mi, ti, si, ci, vi, si*) begleitet. Sie bilden die zusammengesetzten Zeiten mit *essere*.

riposarsi	sich ausruhen
presente	**mi** riposo, **ti** riposi, **si** riposa, **ci** riposiamo, **vi** riposate, **si** riposano

Man wird im Italienischen wiedergegeben:
- mit dem unpersönlichen *si*:
  Questo non **si** fa. *Das macht man nicht.*
- mit *bisogna* + Infinitiv:
  Bisogna stare attenti. *Man muss aufpassen.*
- mit dem Indefinitpronomen *uno*:
  Se **uno** è ricco, se lo può permettere.
  Wenn man reich ist, kann man sich das erlauben.

Das **Passiv** (passivo) wird in den einfachen Zeiten mit *essere/venire* + Participio passato gebildet, in den zusammengesetzten Zeiten nur mit *essere* + Participio passato:
Il concerto **è/viene** sponsorizzato.
Il concerto **è stato** sponsorizzato.

Auch beim Passiv richtet sich das Participio in Geschlecht und Zahl nach dem Subjekt des Satzes:
La festa **è stata rimandata** al prossimo mese.

Verneinung

Die **einfache Verneinung** (negazione semplice) wird durch *non* ausgedrückt. Es steht bei den einfachen Zeiten vor dem Verb, bei den zusammengesetzten Zeiten vor dem Hilfsverb:
Laura **non** va al liceo. **Non** ho tempo.
Anna **non** è venuta con noi.

Steht vor dem Verb ein Pronomen, wird *non* unmittelbar vor das Pronomen gesetzt:
Il film **non** mi piace/**non** mi è piaciuto.

In Satzteilen ohne Verb wird die Verneinung mit *no* ausgedrückt:
Perché **no**? Lo fai o **no**?

Die Ausdrücke *niente/nulla, nessuno, mai, più, nemmeno, neanche, neppure, mica, affatto, (né ...) né* erfordern eine zusätzliche Verneinung mit *non*, wenn sie nach dem Verb stehen:
Non ha visto **nessuno**. **Non** è **mica** facile.
Non sono **affatto** stanca. **Non** fumi **mai**?

Stehen sie jedoch am Satzanfang, fällt das *non* weg:
Nessuno mi telefona!

Präpositionen

Die Präpositionen (preposizioni) *a, da, di, in* und *su* verschmelzen mit dem Artikel zu einem Wort:

	a	da	di	in	su
il	**al**	**dal**	**del**	**nel**	**sul**
lo	**allo**	**dallo**	**dello**	**nello**	**sullo**
l'	**all'**	**dall'**	**dell'**	**nell'**	**sull'**
la	**alla**	**dalla**	**della**	**nella**	**sulla**
i	**ai**	**dai**	**dei**	**nei**	**sui**
gli	**agli**	**dagli**	**degli**	**negli**	**sugli**
le	**alle**	**dalle**	**delle**	**nelle**	**sulle**

Bedeutung der wichtigsten Präpositionen

a	**a** Roma *in/nach Rom*, **a** Capri *in/nach Capri*, **a** casa *zu/nach Hause*	örtlich
	alle due *um zwei*, **a** domani *bis morgen*, **a** Pasqua *an Ostern*	zeitlich
	a pezzetti *in Stückchen*, **a** due anni *mit zwei Jahren*, due volte **al** mese *zweimal im Monat*	sonstige
da	Vado **dalla** nonna ... *zur Oma* Sono **dalla** nonna ... *bei der Oma* Vengo **da** casa, **dalla** nonna ... *von zu Hause, von der Oma*	örtlich
	da oggi *ab heute*, **da** ieri *seit gestern*	zeitlich
di	Sono **di** Roma ... *aus Rom.*	örtlich
	di mattina *morgens*, **di** giovedì *donnerstags*	zeitlich
	un chilo **di** pane *ein Kilo Brot*	Menge
in	Vivo **in** Italia ... *in Italien* Vado **in** Spagna ... *nach Spanien*	örtlich
	in giugno/**nel** mese di giugno *im Juni*	zeitlich

Konjunktionen

Nebenordnende Konjunktionen verbinden gleichrangige Sätze und Satzglieder. Sie bezeichnen
- eine Aneinanderreihung, wie *e* (und) und *anche* (auch):
  Devo andare in farmacia **e** in banca.
  Ha mangiato tutto, **anche** il dolce.
- eine Alternative, wie *o(ppure)* (oder):
  Andrò al cinema **oppure** farò una passeggiata.
- einen Gegensatz, wie *ma* (aber), *però* (jedoch), *tuttavia* (dennoch), *mentre* (während):
  La gonna è bella, **ma** è troppo cara.
  Il mare era mosso, **tuttavia** ho fatto il bagno.
- eine Folge, wie *dunque* (also), *quindi* (also), *perciò* (daher):
  Hai mentito, **quindi** sei un bugiardo.
- eine wechselseitige Beziehung, wie *sia ... sia/che* (sowohl ... als auch), *né ... né* (weder ... noch), *o ... o* (entweder ... oder):
  Non mi piacciono **né** i gelati, **né** le pastine.
  O vieni subito **o** è finita.

Unterordnende Konjunktionen leiten einen Nebensatz ein und bezeichnen:
- grammatische Abhängigkeit, wie *che* (dass):
  Mi dice sempre **che** mi vuole bene.
- ein zeitliches Verhältnis, wie *quando* (wenn, als), *prima che* (bevor), *dopo che* (nachdem):
  Quando la vedo, glielo dico.
  Devi deciderti, **prima che** sia troppo tardi.
- einen Grund, wie *perché* (weil), *poiché* (weil), *siccome* (da), *dato che* (da), *visto che* (da):
  Mangio così poco **perché** devo dimagrire.
  Dato che sono stanca, stasera non esco.
- einen Zweck, wie *affinché* (damit), *perché* (damit):
  Continuo a ripeterlo **affinché** non se lo dimentichi.
- eine Bedingung oder Einschränkung, wie *se* (wenn), *anche se* (auch wenn), *malgrado (che)* (obwohl), *nonostante (che)* (obwohl):
  Se ti sbrighi, farai in tempo.
  Luca va a scuola **malgrado** sia raffreddato.

Bedingungssatz

Der Bedingungssatz (periodo ipotetico) besteht aus einem *se*-Satz, der die Bedingung enthält, und einem Hauptsatz, der die Folge darstellt. Im Deutschen entspricht dies der Konstruktion „wenn ..., (dann) ...".

Realer Bedingungssatz

Bedingung und Folge sind sehr wahrscheinlich.

se + Indicativo presente Se **piove**, *Wenn es regnet,*	Indicativo presente non **usciamo**. *gehen wir nicht aus.*
se + Indicativo presente Se ti **dai** da fare, *Wenn du dich bemühst,*	Futuro semplice ci **riuscirai**. *schaffst du es.*
se + Indicativo presente Se ti **dai** da fare, *Wenn du dich bemühst,*	Condizionale presente ci **potresti** riuscire. *könntest du es schaffen.*

Potenzieller Bedingungssatz

Bedingung und Folge sind zwar möglich, aber nicht sehr wahrscheinlich.

se + Congiuntivo imperfetto Se **smettesse** di piovere, *Wenn es aufhörte/aufhören würde zu regnen,*	Condizionale presente **potremmo andare** in piscina. *könnten wir ins Schwimmbad gehen.*

Irrealer Bedingungssatz

Bedingung und Folge sind unmöglich.

se + Congiuntivo trapassato Se **fossi uscito** con Anna, *Wenn ich mit Anna ausgegangen wäre,*	Condizionale presente ora non mi **annoierei**. *würde ich mich jetzt nicht langweilen.*
se + Congiuntivo trapassato Se **fossi rimasta** a casa, *Wenn ich zu Hause geblieben wäre,*	Condizionale passato non **l'avrei incontrato**. *wäre ich ihm nicht begegnet.*

Wortstellung

Enthält der **Aussagesatz** nur ein direktes Objekt, ist die Wortstellung im Italienischen bei den einfachen Zeiten die gleiche wie im Deutschen:

Subjekt	Verb	Objekt
Marco	**scrive**	**una lettera.**

Bei den zusammengesetzten Zeiten werden jedoch Hilfsverb und Partizip nicht getrennt:

Subjekt	Verb	Objekt
Marco	**ha scritto**	**una lettera.**

Enthält der Satz auch ein indirektes Objekt, dann steht dieses im Unterschied zum Deutschen nach dem direkten Objekt:

Subjekt	Verb	dir. Objekt	ind. Objekt
Marco	**scrive**	**una lettera**	**a Giorgio.**

Die Wortstellung Subjekt – Verb – Objekt erscheint auch im Nebensatz:
Sono delusa
perché **Marco non ha risposto alla mia lettera.**
Ich bin enttäuscht,
weil Marco nicht auf meinen Brief geantwortet hat.

Im **Fragesatz** ohne Fragewörter kann die Satzstellung des Aussagesatzes beibehalten werden. Der Satz muss nur entsprechend betont werden:
Marco è a scuola?

Das Subjekt des Fragesatzes kann allerdings anders als im Deutschen auch nachgestellt werden:
È a scuola **Marco**?

In Fragesätzen mit Fragewort ist die Satzstellung meistens Fragewort – Verb – Subjekt:
Quando è arrivato Marco?

Grundzahlen

0 zero	13 tredici	40 quaranta
1 uno	14 quattordici	50 cinquanta
2 due	15 quindici	60 sessanta
3 tre	16 sedici	70 settanta
4 quattro	17 diciassette	80 ottanta
5 cinque	18 diciotto	90 novanta
6 sei	19 diciannove	100 cento
7 sette	20 venti	101 centouno
8 otto	21 ventuno	200 duecento
9 nove	22 ventidue	1 000 mille
10 dieci	23 ventitré	1 001 milleuno
11 undici	28 ventotto	2 000 duemila
12 dodici	30 trenta	1 000 000 un milione

Uno hat die gleichen Formen wie der unbestimmte Artikel: *un libro, un amico, uno studente, una donna, un'idea*.

In Verbindung mit Zehnerzahlen fällt bei *uno* das -o vor einem Substantiv weg: *ventun libri, ventun case*. Aber: *ventuno studenti*. Zusätzlich wird wie auch bei *otto* der Endvokal der Zehnerzahl getilgt: *trentotto*.

Mille wird im Plural *-mila*: *duemila, tremila ...*

Ordnungszahlen

1° primo	11° undic**esimo**
2° secondo	12° dodic**esimo**
3° terzo	13° tredic**esimo**
4° quarto	20° vent**esimo**
5° quinto	21° ventun**esimo**
6° sesto	23° **ventitreesimo**
7° settimo	26° **ventiseiesimo**
8° ottavo	30° trent**esimo**
9° nono	100° cent**esimo**
10° decimo	1000° mill**esimo**

Ab 11. wird die Ordnungszahl mit der Endung *-esimo/-esima* gebildet; dabei entfällt außer nach *tre* und *sei* der Endvokal der Grundzahl. Die Ordnungszahlen werden in Genus und Numerus an das Substantiv angeglichen. Beachten Sie die Schreibweise:
il **6°** piano *die 6. Etage* la **3ª** lezione *die 3. Lektion*

Weitere nützliche Ausdrücke:

1 centesimo	un centesimo	*1 Cent*
100 centesimi	cento centesimi	*100 Cent*
½	mezzo, la metà	*ein halb, die Hälfte*
¼	un quarto	*ein Viertel*

Adjektiv

Es gibt zwei Gruppen von Adjektiven (aggettivi):
- Adjektive, die eine maskuline Form auf *-o* und eine feminine Form auf *-a* haben;
- Adjektive, die auf *-e* enden und für beide Geschlechter nur diese eine Form haben:

	Singular	Plural
maskulin	car**o**	car**i**
feminin	car**a**	car**e**
feminin und maskulin	grand**e**	grand**i**

Adjektive auf *-co/-ca, -go/-ga* und auf *-io/-ia* bilden den Plural nach den gleichen Regeln wie die Substantive mit diesen Endungen. Siehe unter Substantiv.

Das Adjektiv richtet sich in Geschlecht und Zahl nach dem Substantiv, auf das es sich bezieht, und zwar sowohl wenn es vor als auch nach dem Substantiv steht:

una ragazza sincer**a** — ragazzi sincer**i**
un car**o** ragazzo — car**i** ragazzi

Im Gegensatz zum Deutschen wird das Adjektiv auch dann angeglichen, wenn es einem Verb nachgestellt ist:

Franco e Marco sono generos**i**.

Wenn die bezeichneten Substantive bzw. Personen aus einem gemischten (maskulinen und femininen) Plural bestehen, wird die maskuline Pluralform des Adjektivs verwendet:

Franco e Maria sono pront**i**.

Während das Adjektiv im Deutschen als Attribut stets vor dem Substantiv steht, kann es im Italienischen vor oder nach dem Substantiv stehen. Je nach Stellung ändert es oft sogar seine Bedeutung:

una stoffa **cara**	*ein teurer Stoff*
una **cara** amica	*eine liebe Freundin*
una donna **sola**	*eine allein stehende Frau*
una **sola** donna	*eine einzige Frau*

Im Allgemeinen kann man sagen, dass Adjektive, die vor dem Substantiv stehen, eher eine beschreibende Funktion haben:

Ho fatto un **breve** viaggio.

Adjektive, die nach dem Substantiv stehen, haben dagegen eher eine unterscheidende Funktion:

Ho fatto un viaggio **breve**, non lungo.

Nach dem Substantiv stehen in der Regel Adjektive, die Farbe, Form, Nationalität oder Religionszugehörigkeit angeben:

vino **bianco**	rose **rosse**
una scatola **quadrata**	una faccia **rotonda**
una cantante **italiana**	un rito **cattolico**

Steigerung des Adjektivs

Der **Komparativ** (comparativo) gibt den höheren oder niedrigeren Grad einer Eigenschaft an und wird durch das Voranstellen von *più* bzw. *meno* ausgedrückt:

Sono **più** giovane di Carla.
Ich bin jünger als Carla.
Sono **meno** sportiva di mio fratello.
Ich bin weniger sportlich als mein Bruder.

Der **relative Superlativ** (superlativo relativo) bezeichnet den höchsten Grad einer Eigenschaft, wenn ein Vergleich zugrunde liegt. Man bildet ihn, indem man dem Komparativ den bestimmten Artikel voranstellt:

Luca è **il più simpatico** di tutti i miei amici.
Luca ist der sympathischste von all meinen Freunden.

Der **absolute Superlativ** (superlativo assoluto) drückt ganz allgemein einen sehr hohen Grad einer Eigenschaft aus, wenn kein Vergleich zugrunde liegt. Er wird in der Regel durch Anhängen der Endung *-issimo/-issima* gebildet:

La Ferrari è una macchina veloc**issima**.
Der Ferrari ist ein sehr schnelles Auto.

Die Adjektive *buono, cattivo, grande, piccolo, alto* und *basso* haben neben den regelmäßigen Steigerungsformen (wie *più buono – il più buono – buonissimo*) auch unregelmäßige Steigerungsformen:

buono	**migliore**	**il migliore**	**ottimo**
cattivo	**peggiore**	**il peggiore**	**pessimo**
grande	**maggiore**	**il maggiore**	**massimo**
piccolo	**minore**	**il minore**	**minimo**
alto	**superiore**	**il superiore**	**supremo**
basso	**inferiore**	**l'inferiore**	**infimo**

Bello, buono, grande, santo

Bello endet vor Substantiven im Singular und Plural wie der bestimmte Artikel. Der weibliche Singular *bella* wird vor Vokal meist apostrophiert:

bel ragazzo	**bello** spettacolo	**bell'**amico
bei ragazzi	**begli** spettacoli	**begli** amici
bella ragazza	**bell'**idea	
belle ragazze	**belle** idee	

Buono endet vor Substantiven wie der unbestimmte Artikel. Die feminine Form *buona* kann im Singular vor einem Vokal zu *buon'* apostrophiert werden:

buon viaggio — **buon** appetito
un **buono** spettacolo — **buon'**anima.

Grande wird vor maskulinen und femininen Substantiven im Singular oft zu *gran* verkürzt. Vor *s* + Konsonant, *gn, pn, ps, x, z* und *i* + Vokal gilt dies nicht:

una **gran** casa — un **gran** dolore
una **grande** spiaggia — un **grande** sbaglio.

Zu *santo* gibt es die Kurzform *san*. Sie steht vor Namen männlicher Heiliger, die mit einem Konsonanten beginnen (außer bei *s* + Konsonant, *gn, z*):

San Francesco — aber: **Santo** Stefano.

Demonstrativadjektive

Mit *questo, -a* (dieser, diese) bezieht man sich auf Sachen, Personen und Sachverhalte in zeitlicher oder räumlicher Nähe. *Quello, -a* (der da/dort, die da/dort) verweist auf Sachen, Personen und Sachverhalte, die im Vergleich dazu in zeitlicher oder räumlicher Entfernung liegen.

maskulin	Singular	Plural
vor Konsonant	**questo** libro	**questi** libri
vor Vokal	**quest'**albero	**questi** alberi
feminin		
vor Konsonant	**questa** gonna	**queste** gonne
vor Vokal	**quest'**amica	**queste** amiche

Es gibt ein paar zusammengesetzte Substantive, bei denen *questa* zu *sta* abgekürzt wird: *stamattina* (statt: *questa mattina*), *stasera, stanotte*.

maskulin	Singular	Plural
vor Konsonant	**quel** ragazzo	**quei** ragazzi
vor s + Konsonant,	**quello** sport	**quegli** sport
gn, pn, ps, x, z	**quello** zio	**quegli** zii
und i + Vokal	**quello** iogurt	**quegli** iogurt
vor Vokal	**quell'**amico	**quegli** amici
feminin		
vor Konsonant	**quella** casa	**quelle** case
vor Vokal	**quell'**amica	**quelle** amiche

Questo und *quello* können umgangssprachlich durch die Ortsadverbien *qui/qua* bzw. *lì/là* verstärkt werden, die dem Substantiv nachgestellt werden:

Prendo **questa** sedia **qua**. *Ich nehme den Stuhl hier.*

Possessivadjektive (aggettivi possessivi)

werden gewöhnlich vom bestimmten Artikel begleitet.

maskulin		feminin
Singular		**Singular**
il **mio** gatto	*mein*	la **mia** borsa
il **tuo** gatto	*dein*	la **tua** borsa
il **suo** gatto	*sein, ihr*	la **sua** borsa
il **nostro** gatto	*unser*	la **nostra** borsa
il **vostro** gatto	*euer*	la **vostra** borsa
il **loro** gatto	*ihr*	la **loro** borsa
Plural		**Plural**
i **miei** gatti	*meine*	le **mie** borse
i **tuoi** gatti	*deine*	le **tue** borse
i **suoi** gatti	*seine, ihre*	le **sue** borse
i **nostri** gatti	*unsere*	le **nostre** borse
i **vostri** gatti	*euere*	le **vostre** borse
i **loro** gatti	*ihre*	le **loro** borse

Der Artikel entfällt bei Verwandschaftsbezeichnungen im Singular (außer bei *loro*):

Mia zia lavora molto.	*Meine Tante arbeitet viel.*
Il loro padre sta bene.	*Ihrem (Pl.) Vater geht es gut.*

Die Possessivadjektive richten sich in Geschlecht und Zahl nach dem Besitz, nicht nach dem Besitzer:

la sua borsa — *seine* oder *ihre Tasche*

Die Pluralform *loro* ist unveränderlich:

i **loro** problemi — *ihre Probleme*

Zu den **indefiniten Adjektiven** (aggettivi indefiniti) zählen *ogni* (jeder), *qualche* (einige), *qualunque* (irgendein) und *qualsiasi* (irgendein). Sie sind alle unveränderlich:

Resterò solo **qualche** giorno.

Zu den Indefinitpronomen siehe unter Pronomen.

Adverb

Adverbien (avverbi) sind meist von Adjektiven abgeleitet:
- Adjektive auf *-o/-a* hängen an die feminine Form des Adjektivs *-mente* an:
  completo — complet**a** — completa**mente**
- Bei auf *-e* endenden Adjektiven wird einfach *-mente* angehängt:
  forte — forte**mente**
- Bei Adjektiven auf *-le* und *-re* fällt das Endungs-e allerdings weg und *-mente* wird angehängt:
  particolare — particolar**mente**

Ursprüngliche Adverbien besitzen eine eigene Form, sind also nicht von einem anderen Wort abgeleitet, wie z.B. *abbastanza* (ziemlich), *adesso* (jetzt), *allora* (damals), *davanti* (davor), *domani* (morgen), *forse* (vielleicht), *fuori* (draußen), *già* (schon), *ieri* (gestern), *lontano* (weit), *mai* (nie), *poco* (wenig), *presto* (bald), *quasi* (fast), *sempre* (immer), *vicino* (nah).

Außerdem gibt es sehr viele adverbiale Fügungen (locuzioni avverbiali), die wie Adverbien gebraucht werden: *di sicuro* (sicher), *di solito* (gewöhnlich), *press'a poco* (ungefähr) usw.

Bezieht sich das Adverb auf ein Adjektiv, dann steht es in der Regel davor:

Sono **troppo** stanco. — *Ich bin zu müde.*

Bezieht es sich auf ein Verb, steht es meist dahinter:

Vengo **subito**. — *Ich komme sofort.*

Im Gegensatz zum Deutschen steht es bei zusammengesetzten Zeiten und bei Konstruktionen mit Modalverben hinter dem Hauptverb:

Ho mangiato **poco**.	*Ich habe wenig gegessen.*
Vuole partire **domani**.	*Er/sie will morgen losfahren.*

Häufig ist die Stellung des Adverbs jedoch frei:

Improvvisamente cominciò a piovere.
Cominciò **improvvisamente** a piovere.
Cominciò a piovere, **improvvisamente**.

Steigerung des Adverbs

Wie die Adjektive haben auch viele Adverbien einen Komparativ und einen Superlativ:

fortemente	**più fortemente**	**fortissimamente**
tardi	**più tardi**	**tardissimo**

Einige Adverbien haben unregelmäßige Steigerungsformen:

bene	**meglio**	**ottimamente/benissimo**
male	**peggio**	**pessimamente/malissimo**
molto	**più**	**moltissimo**
poco	**meno**	**pochissimo**

Ci und *ne* als Ortsadverbien

Ci hat die Bedeutung „da/dort" bzw. „(dort)hin":

Non andar**ci**!	*Geh nicht hin!*
Ci passo tutti i giorni.	*Ich gehe dort jeden Tag vorbei.*

Am häufigsten jedoch benutzt man *ci* zusammen mit *essere* in der Verbindung *c'è/ci sono* (es gibt, es ist/sind vorhanden/da):

C'è un libro sul tavolo.	*Auf dem Tisch liegt ein Buch.*
C'era molta gente.	*Es waren viele Leute da.*

Ne ersetzt als Ortsadverb die Ausdrücke *da lì/da qui* und bedeutet „von dort/davon":

Vai al mercato? – **Ne** sono appena tornata.
Gehst du auf den Markt? – Ich komme gerade von dort.

Verb

Der **Modus des Verbs** (modo verbale) macht es dem Sprecher möglich, etwas auf verschiedene Art und Weise darzustellen. Im Italienischen gibt es vier finite Modi: *indicativo* (Indikativ), *congiuntivo* (Konjunktiv), *condizionale* (Konditional), *imperativo* (Imperativ), und drei indefinite Modi: *infinito* (Infinitiv), *participio* (Partizip) und *gerundio* (Gerundium). Die finiten Modi sagen etwas aus über die Zeit, die Person und die Zahl. Die indefiniten Modi sagen weder etwas über die Person noch über die Zahl (Ausnahme: *participio*) aus.

Der Indicativo ist der Modus, mit dem man etwas als Tatsache darstellt:
Luca mi **viene** a prendere.

Mit dem Congiuntivo drückt der Sprecher eine subjektive Sichtweise aus:
Spero che Luca mi **venga** a prendere.

Das Condizionale dient dazu, Wünsche und Vorstellungen zu äußern:
Vorrei che Luca mi venisse a prendere.

Mit dem Imperativo kennzeichnet der Sprecher seine Aussage als Aufforderung oder Befehl:
Luca, **vieni**mi a prendere!

Der Infinitiv ist die Grundform des Verbs. Er besteht aus einem Verbstamm (radice) und einer Endung (desinenza): abit-*are*, prend-*ere*, dorm-*ire*.

Die **Hilfsverben** (verbi ausiliari) *essere* und *avere* dienen zur Bildung der zusammengesetzten Zeiten, wie Passato prossimo, Trapassato prossimo, etc. Sie werden unregelmäßig konjugiert.

essere – sein

Die meisten Verben der Bewegung oder der Veränderung eines Zustands bilden die zusammengesetzten Zeiten mit *essere*. Ebenso die reflexiven Verben und *essere* selbst. Mit *essere* wird außerdem das Passiv gebildet.

Indicativo

presente	imperfetto	passato remoto	futuro
sono	ero	fui	sarò
sei	eri	fosti	sarai
è	era	fu	sarà
siamo	eravamo	fummo	saremo
siete	eravate	foste	sarete
sono	erano	furono	saranno

Congiuntivo presente	Congiuntivo imperfetto	Condizionale presente
sia	fossi	sarei
sia	fossi	saresti
sia	fosse	sarebbe
siamo	fossimo	saremmo
siate	foste	sareste
siano	fossero	sarebbero

Participio passato
stato

avere – haben

Die meisten Verben bilden die zusammengesetzten Zeiten mit *avere*: alle transitiven Verben, manche intransitive Verben sowie *avere* selbst.

Indicativo

presente	imperfetto	passato remoto	futuro
ho	avevo	ebbi	avrò
hai	avevi	avesti	avrai
ha	aveva	ebbe	avrà
abbiamo	avevamo	avemmo	avremo
avete	avevate	aveste	avrete
hanno	avevano	ebbero	avranno

Congiuntivo presente	Congiuntivo imperfetto	Condizionale presente
abbia	avessi	avrei
abbia	avessi	avresti
abbia	avesse	avrebbe
abbiamo	avessimo	avremmo
abbiate	aveste	avreste
abbiano	avessero	avrebbero

Participio passato
avuto

Bei den **regelmäßigen Verben** (verbi regolari) unterscheidet man entsprechend den Infinitivendungen drei Konjugationen:

Verben auf **-are** 1. Konjugation,
Verben auf **-ere** 2. Konjugation,
Verben auf **-ire** 3. Konjugation.

Indicativo

presente

amare	vendere	partire
am**o**	vend**o**	part**o**
am**i**	vend**i**	part**i**
am**a**	vend**e**	part**e**
am**iamo**	vend**iamo**	part**iamo**
am**ate**	vend**ete**	part**ite**
am**ano**	vend**ono**	part**ono**

Bildung: Verbstamm + Endungen des Presente

Gebrauch: bei gegenwärtigen und zukünftigen Handlungen, allgemein gültigen Tatsachen und Handlungen, die sich regelmäßig wiederholen:
Oggi **vado** al cinema. *Heute gehe ich ins Kino.*
Arrivo lunedì. *Ich komme am Montag an.*

passato prossimo

ho / hai / ha / abbiamo / avete / hanno	amato/venduto	sono / sei / è	partito, -a
		siamo / siete / sono	partiti, -e

Bildung: Präsens von *avere/essere* + Participio passato

Gebrauch: bei Vorgängen, die eben passiert sind; bei Vorgängen, die in der Vergangenheit begonnen haben und in der Gegenwart noch andauern; bei Vorgängen, die in der Vergangenheit abgeschlossen wurden, die aber für die Gegenwart noch von Bedeutung sind:
È appena **uscito**. *Er ist gerade weggegangen.*
Oggi non **ho** ancora **mangiato**.
Heute habe ich noch nichts gegessen.

imperfetto

am**avo**	vend**evo**	part**ivo**
am**avi**	vend**evi**	part**ivi**
am**ava**	vend**eva**	part**iva**
am**avamo**	vend**evamo**	part**ivamo**
am**avate**	vend**evate**	part**ivate**
am**avano**	vend**evano**	part**ivano**

Bildung: Verbstamm + Endungen des Imperfetto

Gebrauch: bei vergangenen Handlungen, Vorgängen oder Zuständen, die als nicht abgeschlossen angesehen werden (Hintergrundschilderung); bei in der Vergangenheit regelmäßig wiederholten Handlungen; in der Umgangssprache oft anstelle des Condizionale passato:
Il mare **era** calmo. *Die See war ruhig.*
Ogni mattina **faceva** colazione al bar.
Jeden Morgen frühstückte er/sie im Café.
Dovevo (anstatt: avrei dovuto) capirlo prima.
Ich hätte es früher begreifen müssen.

trapassato prossimo

avevo / avevi / ...	amato/venduto	ero / eri / ...	partito, -a

Bildung: Imperfetto von *avere/essere* + Participio passato

Gebrauch: bei einem Vorgang in der Vergangenheit, der vor einem anderen vergangenen Ereignis (im Passato prossimo oder Passato remoto) stattgefunden hat:
Mi ero appena **addormentata**, quando hanno bussato alla porta. *Ich war gerade eingeschlafen, als es an der Tür klopfte.*

passato remoto

am**ai**	vend**ei**/vend**etti**	part**ii**
am**asti**	vend**esti**	part**isti**
am**ò**	vend**é**/vend**ette**	part**ì**
am**ammo**	vend**emmo**	part**immo**
am**aste**	vend**este**	part**iste**
am**arono**	vend**erono**/vend**ettero**	part**irono**

Bildung: Verbstamm + Endungen des Passato remoto

Gebrauch: meist in der Schriftsprache bei Vorgängen der Vergangenheit, die völlig abgeschlossen sind:
Petrarca **nacque** il 20 luglio 1304.
Petrarca wurde am 20. Juli 1304 geboren.

trapassato remoto

ebbi / avesti / ...	amato/venduto	fui / fosti / ...	partito, -a

Bildung: Passato remoto von *avere/essere* + Participio passato

Gebrauch: bei einem Vorgang, der vor einem Ereignis im Passato remoto stattgefunden hat, nach den Zeitbestimmungen *quando, dopo che, non appena, appena (che)*:
Dopo che **mi fui svegliata**, bussarono alla porta.
Nachdem ich aufgewacht war, klopfte es an der Tür.

futuro semplice

am**erò**	vend**erò**	part**irò**
am**erai**	vend**erai**	part**irai**
am**erà**	vend**erà**	part**irà**
am**eremo**	vend**eremo**	part**iremo**
am**erete**	vend**erete**	part**irete**
am**eranno**	vend**eranno**	part**iranno**

Bildung: Verbstamm + Endungen des Futuro semplice

Gebrauch: bei zukünftigen Handlungen, Vermutungen oder nachdrücklichen Aufforderungen:
Si sposeranno il prossimo anno.
Sie werden nächstes Jahr heiraten.
Avrà circa 35 anni.
Er/Sie ist ungefähr 35.
Farai quello che dico io!
Du tust, was ich dir sage!

futuro anteriore

avrò / avrai / ...	amato/venduto	sarò / sarai / ...	partito, -a

Bildung: Futuro von *avere/essere* + Participio passato

Gebrauch: bei zukünftigen Vorgängen, die zu einem bestimmten Zeitpunkt in der Zukunft beendet sein werden; bei Vermutungen über etwas Vergangenes:
Ti telefonerò appena **sarò arrivato**.
Ich rufe dich an, sobald ich angekommen bin.
Saranno state le nove.
Es wird etwa neun Uhr gewesen sein.

Congiuntivo

presente

am**i**	vend**a**	part**a**
am**i**	vend**a**	part**a**
am**i**	vend**a**	part**a**
am**iamo**	vend**iamo**	part**iamo**
am**iate**	vend**iate**	part**iate**
am**ino**	vend**ano**	part**ano**

Bildung: Verbstamm + Endungen des Congiuntivo presente

passato

abbia / abbia / ...	amato/venduto	sia / sia / ...	partito, -a

Bildung: Congiuntivo presente von *avere/essere* + Participio passato

imperfetto

am**assi**	vend**essi**	part**issi**
am**assi**	vend**essi**	part**issi**
am**asse**	vend**esse**	part**isse**
am**assimo**	vend**essimo**	part**issimo**
am**aste**	vend**este**	part**iste**
am**assero**	vend**essero**	part**issero**

Bildung: Verbstamm + Endungen des Congiuntivo imperfetto

trapassato

avessi / avessi / ...	amato/venduto	fossi / fossi / ...	partito, -a

Bildung: Congiuntivo imperfetto von *avere/essere* + Participio passato

Pronomen

Subjektpronomen

Subjektpronomen (pronomi personali soggetto) werden im Italienischen nur verwendet, wenn man sie betonen will:

Amo la musica.	(unbetont)
Io amo la musica, **lui** il teatro.	(betont)

Singular		Plural	
io	*ich*	**noi**	*wir*
tu	*du*	**voi**	*ihr*
lui, egli, esso	*er (es)*	**loro, essi**	*sie (mask.)*
lei, ella, essa	*sie (es)*	**loro, esse**	*sie (fem.)*
Lei	*Sie*	**Voi, Loro**	*Sie*

Für die 3. Person gibt es verschiedene Pronomen. Im Singular: *egli*, *lui* und *lei* für Personen, *esso* und *essa* für Tiere, Sachen und Abstrakta. *Essa* und *ella* für Personen sollte aber vermieden werden. Im Plural: *loro* für Personen, *essi* und *esse* für Personen, Tiere, Sachen und Abstrakta. Für Personen sind *lui*, *lei* und *loro* am gebräuchlichsten.

Bei den **Objektpronomen** (pronomi personali oggetto) wird im Italienischen zwischen betonten und unbetonten Formen unterschieden. Diese Unterscheidung gibt es im Deutschen nicht!

Unbetonte Objektpronomen

direktes Objekt (wen?)		indirektes Objekt (wem?)	
mi	*mich*	**mi**	*mir*
ti	*dich*	**ti**	*dir*
lo	*ihn/es*	**gli**	*ihm*
la	*sie/es*	**le**	*ihr*
La	*Sie*	**Le**	*Ihnen*
ci	*uns*	**ci**	*uns*
vi	*euch*	**vi**	*euch*
li	*sie (mask.)*	**gli, loro**	*ihnen (mask.)*
le	*sie (fem.)*	**gli, loro**	*ihnen (fem.)*
Vi	*Sie*	**Vi, Loro**	*Ihnen*

Anders als im Deutschen stehen die unbetonten Objektpronomen vor dem Verb, bei zusammengesetzten Zeiten vor dem Hilfsverb:

Vi accompagno.	*Ich begleite euch.*
Ti ho visto.	*Ich habe dich gesehen.*

Ausnahme: *Loro* steht immer nach dem Verb!

Lo und *la* werden vor den Formen von *avere* zu *l'* verkürzt:

L'ho già fatto. **L'abbiamo** visto ieri.

Unbetonte Objektpronomen können auch angehängt werden, und zwar an den Infinitiv, an den Imperativ der 2. Person Singular und Plural sowie an *ecco*:

Sono contenta di veder**ti**.
Fate**mi** il favore! Date**ci** più tempo!
Ecco**lo** lì! Ecco**li** finalmente!

In Verbindung mit Modalverben kann man das Pronomen vor die Verbgruppe setzen oder an den Infinitiv anhängen:

La posso accompagnare. Posso accompagnar**la**.

Tritt ein direktes Objektpronomen zusammen mit einem indirekten Objektpronomen auf, dann steht das indirekte Objekt vor dem direkten. Das direkte Objekt verändert dabei seine Form; in der 3. Person Singular und Plural werden die beiden Pronomen zudem zusammengeschrieben:

Te lo racconterò.	*Ich werde es dir erzählen.*
Glielo scrivo.	*Ich schreibe es ihm.*

	lo	la	li	le	ne
mi	**me lo**	**me la**	**me li**	**me le**	**me ne**
ti	**te lo**	**te la**	**te li**	**te le**	**te ne**
gli le	**glielo**	**gliela**	**glieli**	**gliele**	**gliene**
ci	**ce lo**	**ce la**	**ce li**	**ce le**	**ce ne**
vi	**ve lo**	**ve la**	**ve li**	**ve le**	**ve ne**

Zu *loro* gibt es keine Kombinationsformen.

Betonte Objektpronomen

Betonte Objektpronomen werden gebraucht, wenn die Person hervorgehoben werden soll:

Do ragione **a lei**.	*Ich gebe ihr Recht.*

Cercano tua sorella? – No, cercano **me**.
Suchen sie deine Schwester? – Nein, sie suchen mich.

Unbetont jeweils:

Le do ragione.	*Ich gebe ihr Recht.*
Mi cercano.	*Sie suchen mich.*

direktes Objekt (wen?)		nach Präposition
me	*mich*	**me**
te	*dich*	**te**
lui	*ihn/es*	**lui, esso**
lei	*sie/es*	**lei, essa**
Lei	*Sie*	**Lei**
noi	*uns*	**noi**
voi	*euch*	**voi**
loro	*sie (mask.)*	**loro**
loro	*sie (fem.)*	**loro**
Voi, Loro	*Sie*	**Voi, Loro**

Nach einer Präposition steht immer die betonte Form:
Stanno parlando **di me**. *Sie sprechen von mir.*

Ci und *ne* als unbetonte Pronomen

Ci ersetzt als unbetontes Pronomen die Ausdrücke

- *a ciò*:

Non **ci** faccio caso.	*Ich achte nicht darauf.*
Non **ci** penso più.	*Ich denke nicht mehr daran.*

- *di ciò*:

Non **ci** capisci niente.	*Du verstehst nichts davon.*

Ne ersetzt als unbetontes Pronomen die Ausdrücke

- *di lui, di lei, di loro, da lui, da lei, da loro*:
  È preoccupata di suo figlio; **ne** parla sempre.
  Sie macht sich Sorgen um ihren Sohn; sie spricht immer von ihm.
- *di ciò, da ciò*:

Ne ho parlato spesso.	*Ich habe oft darüber geredet.*
Non **ne** so nulla.	*Ich weiß nichts davon.*

Zur Verwendung von *ci* und *ne* als Ortsadverbien siehe unter Adverb.

Demonstrativpronomen

Die Regeln für den Gebrauch von *questo* (dieser) bzw. *quello* (der da/dort) als Demonstrativpronomen (pronomi dimostrativi) entsprechen denen von *questo* und *quello* als Demonstrativadjektiv (siehe unter Adjektiv).

Singular		Plural	
maskulin	feminin	maskulin	feminin
questo	**questa**	**questi**	**queste**
quello	**quella**	**quelli**	**quelle**

Bei Gegenüberstellungen steht erst *questo*, dann *quello*:

Questo ombrello è il mio, ma **quello** è il tuo.
Das hier ist mein Schirm, aber der dort ist deiner.

Mit *quello* kann ein zuvor genanntes Substantiv ersetzt werden:

I miei amici e **quelli** di mio fratello vanno d'accordo.
Meine Freunde und die meines Bruders verstehen sich.

Mit *questo/quello* kann man einen Sachverhalt ausdrücken. In diesem Fall können *questo* oder *quello* durch *ciò* ersetzt werden:

Questo/Ciò è giusto. *Das ist wahr.*

Possessivpronomen

Die **Possessivpronomen** (pronomi possessivi) unterscheiden sich formal nicht von den Possessivadjektiven (siehe unter Adjektiv). Sie kommen jedoch immer in Verbindung mit dem bestimmten Artikel vor:

Tua figlia è molto studiosa.	(Adjektiv)
La mia invece è piuttosto pigra.	(Pronomen)

Indefinitpronomen

Einige **Indefinitpronomen** (pronomi indefiniti) haben im Italienischen auch die Funktion eines Adjektivs, z.B. *alcuno, certo, ciascuno, nessuno, altro, tale, troppo, parecchio, molto, poco, tutto, tanto, altrettanto, diverso, vario*:

Ho invitato **alcune** amiche.	(Adjektiv)
Alcuni di noi non sono d'accordo.	(Pronomen)
È uscita con **certi** amici.	(Adjektiv)
Certi a queste cose ci credono.	(Pronomen)
Ho **pochi** soldi.	(Adjektiv)
Pochi sanno quel che penso.	(Pronomen)
Non c'è più **nessuna** speranza.	(Adjektiv)
Nessuno è perfetto.	(Pronomen)
Ho mangiato **tutta** la torta.	(Adjektiv)
Avete fatto **tutto**?	(Pronomen)

Andere Indefinita werden ausschließlich als Pronomen gebraucht, z.B. *uno, qualcuno, ognuno, chiunque, qualcosa, niente, nulla*:

C'è **uno** al telefono che vuole parlarti.
Qualcuno di voi sa il tedesco?
C'è **qualcosa** di nuovo?
Non ho bisogno di **niente**.

Relativpronomen

Relativpronomen (pronomi relativi) können veränderlich oder unveränderlich sein. Unveränderliche Relativpronomen sind:

che

- als Subjekt:
  Il bambino **che** sorride è mio figlio.
  ..., der lächelt, ...
- als direktes Objekt:
  Il ragazzo **che** vedi è mio fratello.
  ..., den du siehst, ...

cui

- nach einer Präposition:
  L'uomo **di cui** ti ho parlato verrà domani.
  ..., von dem ich gesprochen habe, ...
  Questa è la ragione **per cui** ti ho telefonato.
  ..., weswegen ich angerufen habe.
- als indirektes Objekt in der Verbindung *a cui*. In der gehobenen Sprache kann die Präposition *a* weggelassen werden:
  Ho visto i ragazzi **(a) cui** ho prestato il pallone.
  ..., denen ich den Ball geliehen habe.

chi

- als Subjekt. Es wird ohne Bezugswort nur für Personen im Singular gebraucht:
  Chi tace acconsente. *Wer schweigt, stimmt zu.*

Veränderlich ist das Relativpronomen *il quale*:

Singular		Plural	
maskulin	feminin	maskulin	feminin
il quale	**la quale**	**i quali**	**le quali**

- als Subjekt:
  Ecco la signora **la quale** abita vicino a noi.
  ..., die neben uns wohnt.
- nach Präpositionen:
  Ecco la signora **della quale** ti ho parlato.
  ..., von der ich gesprochen habe.
  Ho visto Mario **al quale** ho raccontato tutto.
  ..., dem ich alles erzählt habe.

Interrogativpronomen

Die **Interrogativpronomen** (pronomi interrogativi) *chi* (wer) und *che* (was) sind unveränderlich:

Chi ha bussato alla porta?
Con **chi** sei uscita oggi?

Statt *che* kann man auch *che cosa* oder vor allem in der gesprochenen Sprache nur *cosa* sagen:

Che vuoi?	**Che cosa** vuoi?	**Cosa** vuoi?
A che pensi?	**A che cosa** pensi?	**A cosa** pensi?

Quale (welcher) und *quanto* (wie viel) sind veränderlich:

Singular		Plural	
maskulin	feminin	maskulin	feminin
qual**e**	qual**e**	qual**i**	qual**i**
quant**o**	quant**a**	quant**i**	quant**e**

Di questi libri **quali** preferisci?
In **quanti** sono venuti?

Grammatik auf einen Blick Italienisch

von Susanne Godon

Internet: www.pons.de • E-Mail: info@pons.de
Redaktion: Maria Grazia Chiaro
Layout/Satz: belugadesign, Stuttgart
Druck: Achilles, Celle
ISBN 3-12-560704-3
9 783125 607040

PONS
Italienisch
Grammatik auf einen Blick